文化中行
"一带一路"国别文化

奥地利
AUSTRIA

中国银行股份有限公司
社会科学文献出版社　编

社会科学文献出版社
SOCIAL SCIENCES ACADEMIC PRESS (CHINA)

奥地利
AUSTRIA

中国驻奥地利共和国大使馆

使馆地址：Metternichgasse 4，1030 Wien，Österreich

领事保护热线：00431-7103648

网址：www.fmprc.gov.cn/ce/ceat/chn

注：其他领事馆信息详见附录二

奥地利
AUSTRIA

序

  2013年,国家主席习近平在出访中亚和东南亚国家期间,先后提出共建"丝绸之路经济带"和"21世纪海上丝绸之路"的重大倡议,向全世界宣告了亿万中国人民谋求和平发展,与沿线国家和地区共同合作、共建繁荣的美好愿景。"一带一路"战略布局无疑成为当今世界最大的系统性工程,得到国际社会的广泛响应。

  道之大者,为国为民。作为中华民族金融业的旗帜,中国银行早已将"为社会谋福利,为国家求富强"的信念植入血脉。在一百多年的发展进程中,不断顺应历史潮流,持续经营、稳健发展,为民族解放、社会进步、国家繁荣做出重要贡献。站在新的历史机遇期,以"担当社会责任"为己任,以"做最好的银行"为目标的中国银行,依托百年发展铸就的品牌价值和全球服务网络,利用海外资金优势,实现全球资源配置,护航"一带一路"战略,不仅具有得天独厚的优势，更是义不容辞的责任。

金融业是经贸往来的"发动机"和"导流渠"，是支持"一带一路"建设的中坚力量。中国银行作为国际化、多元化、专业化程度最高的国有股份制商业银行，截至 2015 年底，已在"一带一路"沿线 18 个国家设立分支机构，未来，将持续完善全球布局，增加对"一带一路"沿线国家的机构覆盖。可以肯定地讲，中国银行完全有能力承担起国家赋予的责任与使命，为构建"一带一路"金融大动脉做出重要而独特的贡献。

"一带一路"建设投资规模大、周期长，涉及众多国家和地区，金融需求跨地区、跨文化差异明显，这对银行业提出了新的挑战。如何跟上国家对外投资的步伐，如何为"走出去"企业铺路搭桥，如何入乡随俗、实现文化融合，成为我行海外发展面临的一系列重要问题。《文化中行——"一带一路"国别文化手册》（以下简称《手册》）正是在这个大背景下应运而生。《手册》从文化角度出发，全面介绍了我行已设和筹设分支机构的"一带一路"沿线国家的政治经济环境、金融发展业态、民俗宗教文化等，为海外机构研究发展策略、规避经营风险、解决文化冲突、融入当地社会提供实用性、前瞻性的指导和依据。对我行实现跨文化管理，服务"走出去"企业，指导海外业务发展，发挥文化影响力，实现集团战略都具有重要的价值。

最好的银行离不开最好的文化。有胸怀、有格局的中行人，以行大道、成大业的气魄，一手拿服务，一手拿文化，奔走在崭新又古老的"丝路"上。我们期待《手册》在承载我行价值理念，共建区域繁荣的道路上占有重要一席，这也正是我们实现文化"走出去"战略的题中应有之义。

田国立

2015 年 12 月

目录
CONTENTS

009
第一篇
国情纵览

011
人文地理

015
气候状况

017
文化国情

029
第二篇
政治环境

031
国家体制

033
政治制度

044
行政结构

045
司法结构

046
外交关系

051
第三篇
经济状况

053
能源资源

055
基础设施

058
国民经济

067
产业发展

073
金融体系

079

第四篇
双边关系

081
双边政治关系

082
双边经济关系

086
奥地利当地华人商会及社团

087
奥地利当地主要中资企业

091

附　录

093
世界银行·营商环境指数

098
其他领事馆信息

099
跋

101
后　记

奥地利
AUSTRIA

第一篇
国情纵览

奥地利
AUSTRIA

一 人文地理

1 地理概况

奥地利共和国，简称奥地利，是一个位于欧洲中部的内陆国家，位于西经9°32′~17°10′、北纬46°22′~49°10′之间。奥地利与多国接壤，东面是匈牙利和斯洛伐克，南面是意大利和斯洛文尼亚，西面是列支敦士登和瑞士，北面是德国和捷克。国土面积83855平方千米，与重庆直辖市大小相当。

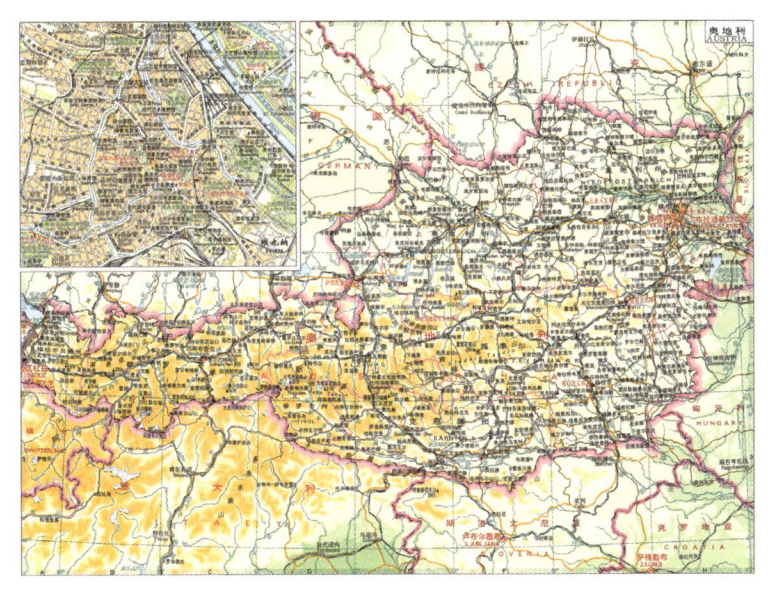

奥地利共和国地理位置

2　历史沿革

"奥地利"在德语中为"东方的疆域"之意。公元初至 10 世纪，奥地利相继为罗马帝国、法兰克王国的东部领土；1156 年成为公国；13～19 世纪为哈布斯堡王朝统治，逐步扩展成地跨中欧及东南欧的强大帝国。1867 年，奥地利与匈牙利联合，称奥匈帝国。第一次世界大战战败后，奥匈帝国瓦解，1918 年成立奥地利共和国。1938 年，奥地利被德国吞并，第二次世界大战中作为德国的一部分参战，1945 年战败后曾分别由苏、美、英、法分区占领。1955 年，奥地利恢复独立，称奥地利共和国，并宣布永久中立。

3　人口综述

截至 2014 年 1 月 1 日，奥地利总人口为 850.485 万，约 20% 的人口集中在维也纳。奥地利约有 3 万华人，主要分布在维也纳、格拉茨和萨尔茨堡等大城市。奥地利的城市人口出生率逐渐呈下降趋势，从 1971 年之后一直为负增长。而城市人口的增长主要来源于大量移居人口的涌入。奥地利目前的人口性别相对较平衡，年龄分布相对比较合理，但是其发展趋势不容乐观。据预测，奥地利于 2030 年开始将逐渐成为老龄化社会，而且人口老龄化程度会愈加严重。

除本国人口外，奥地利还居住着大量外来人口。2014 年人口统计显示，在奥地利的外来人口占总人口的9%。奥地利外来人口主要来自德国、意大利、塞尔维亚、克罗地亚、斯洛文尼亚、波兰、罗马尼亚、土耳其、捷克、匈牙利和美国等。

4　语言文字

奥地利有98%的人以德语作为母语。德语按地域分为奥地利德语、瑞士德语、列支敦士登德语及部分地区德语，如意大利的南蒂罗尔、卢森堡和法国阿尔萨斯地区德语。这些德语都跟以德国北部低地德语为基准的标准德语在语音、语法、词汇等方面存在明显差别。奥地利德语如同德国德语和瑞士德语一样，是标准德语的一种变种。它不是独立存在的另外一种语言，而是一种民族语言变种，它同德国德语和瑞士德语存在许多共同性。

近年来，由德国、奥地利、瑞士和几个国家德语区联合进行德语"正字法改革"，使奥地利德语逐渐国际化。众所周知，德语是拼音语言，主要是用记音的方式记录语言内容。中世纪，德意志地区的书面文字主要为官方文件、修道院的宗教文献等使用。记录的方式根据口语发音，甚至是方言发音进行记录，这样就造成一种奇怪的现象，即同样的一个词会因为其发音变化而出现几种不同的写法。这种现象延续时间很久，就连对德语发展和规范有重大影响的马丁·路德翻译的圣经也保留了这一现象。这样的文字书写方法给信息的交流及书面交际带来许多负面影响，建立统一的德语语言书写规范的要求十分迫切。

1996年7月1日，德国、奥地利、瑞士、比利时、丹麦、法国、意大利、卢森堡、列支敦士登、罗马尼亚和匈牙利代表聚会维也纳，代表各自政府签署一份联合声明，宣布建立新的德语文字规范并于该日起生效。与此同时，还在曼海姆德语研究所设立跨国德语正字法委员会，负责维护德语正字法的统一性。

特别提示

- ★ 奥地利在时区上位于东1区，比北京时间晚7小时。
- ★ 奥地利有2/3的土地被阿尔卑斯山东麓覆盖，东部则是多瑙河流域，与地中海区域为邻。奥地利国土的43.3%是森林。
- ★ 由于独特的地理位置，奥地利自古便是整个欧洲政治、经济和文化交流的枢纽，因此有"欧洲的心脏"之誉。
- ★ 在奥地利生活的华人约有3万人，九成从事餐饮业工作。

二 气候状况

奥地利地处温带，受大西洋影响，属于典型的中欧过渡性气候，冬温夏凉。阿尔卑斯山脉覆盖了奥地利境内绝大部分的土地，在决定奥地利各种气候状况上扮演了一个重要的角色。阿尔卑斯山脉北端的气候大多属于中欧型气候，降水充沛。阿尔卑斯山脉以南，即克恩滕州境内，气候几乎属地中海型，气温较暖，雨量较少。

玛丽亚采尔大教堂
图片提供：达志影像

奥地利东部地区属于大陆性气候，夏热冬冷，7月份平均气温大都在19℃以上，年降水量大多在800毫米以下。阿尔卑斯山腹地因受阿尔卑斯山气候影响，雨量充沛，7月份气温只有1℃～3℃；冬长而多雪，1月达–17℃。其他地区则呈现为湿润的中欧过渡型气候，7月份平均气温在14℃～19℃之间。

三 文化国情

1 民族

奥地利属于民族成分比较单纯的国家。98%的奥地利人属于日耳曼族，母语为德语，主要由属于日耳曼部落的阿勒曼尼人、巴伐利亚人和法兰克人结合而成，并吸收有斯拉夫人以及罗马人的成分。在奥地利得到承认的6个少数民族分别生活在五个联邦州：布尔根兰州是克罗地亚人（Croatia）和匈牙利人（Mungarian）的家乡，其中有许多克罗地亚人和匈牙利人迁徙到维也纳；斯洛文尼亚人（Slovene）居住在克恩滕南部的盖尔（Gail）、罗森和约恩谷地以及施蒂利亚州南部的几个

奥地利传统服装
图片提供：达志影像

地方；在维也纳和下奥地利部分地区生活着捷克人（Czech）；1993年以来得到政府确认的洛马和辛提两个少数民族大多分布在布尔根兰州以及维也纳。

奥地利1976年颁布的《少数民族法》只承认世代定居的非日耳曼族群为少数民族，所谓"世代定居"，是指那些至少连续三代生活在奥地利，并且已经是奥地利公民的人群。

2　宗教

奥地利有78%的居民信奉罗马天主教，5%的居民信奉基督教，12%的居民不信教。其余居民中，穆斯林教徒有34万人，东正教信徒18万人，耶和华见证人教徒2万人，犹太教徒8100人。

3　风俗与禁忌

（1）饮食

奥地利人喜爱饮酒，最出名的葡萄酒是白葡萄酒。奥地利白葡萄酒几乎可以与所有的奥地利菜肴相搭配。奥地利最优质的白葡萄酒产地是多瑙河流域的下奥地利州、布尔根兰州、施蒂利亚州和维也纳周边地区。奥地利葡萄酒品种繁多，白葡萄酒有绿维特利纳（Grüner Veltliner）、丽斯林（Riesling）、维尔施丽斯林（Welschriesling）、白布贡德（Weissburgunder）和香多奈酒（Chardonnay）；红葡萄酒有：蓝茨维格尔特（Blauzweigelt）和蓝法兰基胥（Blaufrünkisch）。奥地利

位于 Wien 的 Stephansdom 教堂
图片提供：达志影像

特别珍贵的葡萄酒是在葡萄成熟后在树上经过自然干燥或自然干燥之后受过冰霜冻过的葡萄酿成的葡萄酒,如晚秋佳酿(Spätlese)、干浆果佳酿(Trockenbeerenauslese)和冰酒(Eiswein),它们的含糖量比较高,香味浓郁。

在维也纳郊外靠近维也纳森林的格瑞金(Grinzing),各条小巷和街道遍布着独具奥地利,特别是维也纳风格的"霍里格"(Heuriger)小酒馆。在奥地利,法律允许葡萄酒的酿造者每年可以直接向公众出售一定数量的新鲜葡萄酒。而"霍里格"小酒馆就是专门出售当年新鲜葡萄酒的奥地利传统小酒馆,也称"当年小酒馆"。每逢葡萄成熟采摘时节,"霍里格"小酒馆的主人们便纷纷在自家酒馆门口挂上一截松枝,宣告有新鲜的葡萄酒出售,新酿的葡萄酒卖完后,酒馆主人则要把松枝取下。

啤酒也是奥地利人普遍享用的饮料。奥地利虽然不是世界著名啤酒产地,但是本地出产360多种啤酒,对各国进口的啤酒也是一种不可小视的挑战。有些奥地利餐厅供应自产啤酒,甚至可以参观啤酒酿造的整个过程。此外,奥地利还盛产几种用水果酿制的所谓烈性酒,最常见的是从梨、苹果、李子、杏等果浆中蒸馏出来的烧酒(Marillen),水果味相当浓,其实酒精含量不超过40%。其中最普通的是用李子、杏和龙胆的花朵酿制而成的酒。根据当地民间传说,从水果中蒸馏出的奥地利烈性酒具有医药疗效。夏季,在奥地利最受欢迎的饮料是由一半葡萄酒与一半苏打水混合而成的饮料。大部分只喝软饮料的奥地利人偏爱苹果汁,其他的美味果汁则是从梨、红醋栗和木莓中榨取的。

在奥地利，咖啡作为饮品已有四百年传统。据说，在土耳其第二次进攻维也纳被击败后，留下了许多咖啡豆，当时有个叫科尔斯基的人将咖啡豆磨碎，用水煮开喝。从此，一种新的饮料在欧洲诞生了，而奥地利人则又多了一个最传统的消闲场所——咖啡馆。1913 年，维也纳"中央咖啡馆"（Café Central）准备了 250 种欧洲报纸和杂志供客人们喝咖啡时阅读。渐渐地，奥地利的咖啡馆就成了人们谈天说地、商人们谈生意、情人约会、文学家们激发创作灵感、学生们温习功课以及老人们消除寂寞的好去处。随着时间的推移，咖啡馆的功能不断得到改进和发展。19 世纪以来，人们推出了咖啡糕点店，在提供咖啡时，出售香软的糕点；后来又出现了咖啡餐厅，在咖啡馆里人们还可以点一些汤、三明治、香肠面包等快餐；还有音乐咖啡，边喝咖啡边欣赏钢琴演奏。最近，露天咖啡馆更获得人们的青睐。

（2）衣着

日常生活中，奥地利人穿着较随意，不追求名牌与华丽，但总的来讲，奥地利人穿着较保守，妇女很少穿宽松的便裤，男人很少穿花哨的运动衫。

奥地利传统服饰一般是女士们的裙装（Trachten），基本式样为敞领、束腰的蓬蓬袖衬衣，领边、袖口镶有花边，并以白色为主。裙子有长裙或短裙，通常再配一个围裙，以显示劳动妇女的气质，裙子的颜色大多为素色，围裙则有的鲜艳、有的素雅庄重。在裙边多用刺绣、挑花来点缀，腿部再配以白色为主的长袜。这一传统服饰在今天依然是女士们在各种节日庆典和出席盛会时最喜爱的穿着之一。男士穿皮短裤、脚穿长袜和翻毛皮鞋、上衣为罗登尼（Loden，一种粗尼）外套，颜色多以黑色或绿色为主。

(3) 风俗礼仪与生活习惯

奥地利人非常讲究礼貌，即使是和陌生人相遇，他们也惯于面含微笑并打个礼节性的招呼。自哈布斯堡王朝时期留传下来的复杂礼仪也一直沿用至今，例如奥地利人彼此喜欢以学衔、官衔或贵族头衔相称，尽管有时根本无此必要。奥地利人见面时一般握手问候，握手时注意要脱下手套。如果双方或有一方戴帽子的话，见面或告别时要用左手脱帽，帽顶对着客人，同时伸出右手同对方握手。男女双方见面时，一般也行握手礼，正式与传统场合则会行吻手礼，即男方轻轻拿起女方伸出的手，在手背上吻一下，女士则会施屈膝礼，同时还礼貌地将右手伸向对方，向对方回敬吻手礼。久别重逢的家人或很熟的朋友之间见面，一般行拥抱礼，即相互拥抱、贴脸或吻额。

宴请或举行招待会时，主人要在招待会场的入口处列队恭候客人。当有客人或朋友来访时，孩子们都要走出自己的房间与客人见面问候。在家里宴请客人时的座位安排一般为女主人坐在上席，其右为女宾客，左为男宾客，男主人坐在下席。

奥地利人讲究情调，因此环境别致的酒馆和咖啡馆是奥地利人聚会的首选场所。与奥地利人交谈时尽量避免金钱、宗教和政治等敏感话题，除非对方特别问及有关这方面的问题。奥地利人希望自己的特性和成就得到承认，因此切勿把奥地利人叫作德国人。他们虽然讲同一种语言，但奥地利人和德国人各自有其独特的习俗和价值观念。奥地利人酷爱绿色，认为绿色象征着美好和吉祥。奥地利人的服饰也多以绿色为主色调。奥地利人认为在新年早晨碰见烟囱清洁工是吉利的好事。

同大多数欧洲人一样，奥地利人也有给小费的习惯。一般来说，要给理发师、出租汽车司机付些小费。在饭店里，账单上已经包括了服务费，但一般都在这基础上再按一定百分比添一些钱。在这种情况下，人们一般都凑个整数。举例来说，账单上如果是28欧元，你就要给到30欧元，随着消费总数增加，小费金额也逐渐提高，通常是消费金额的10%～15%的小费。在餐馆里，如果邀请吉卜赛乐师或民间管弦乐队来桌旁演奏，你必须给领班付小费。金额可多可少，取决于餐馆的类型、乐队演奏所点节目的时间长短等。按惯例，给出租汽车司机的小费是总车费的10%。给理发师的小费取决于理发店的级别、服务项目、是否为理发店常客等。奥地利人在离开鸡尾酒会或晚宴时有给侍者小费的习惯；在鸡尾酒会后，可留下3～5欧元；宴会后可留下4～6欧元。每逢圣诞节和新年来临，奥地利人还会给行李员、看门人、邮递员、扫烟囱的人、打杂女佣以及其他常与之打交道的人发些赏钱。

奥地利的街道上的门牌号码顺序呈辐射状从市中心向外递增。与辐射状街道交叉的弧形街道的门牌号码则按地图上的顺时针方向递增。同一条街道上的编号不因出现广场、街区而中断。

在奥地利，公共建筑中临街的大门多数是朝里开的，与很多国家的情形相反。在门把手的旁边几乎总是标有表示"推"或"拉"的德文字样。公共洗手间一般设在重要街道或广场附近，常常在人行地下通道内。一些咖啡馆和餐馆内的洗手间一般不作公用，只给在店里消费的客人，但是店主大都十分友善，即使不消费也可以使用店内的洗手间，但如果要一杯咖啡或啤酒，就更会显得礼貌些。

在奥地利，任何可以避免的噪声都是违法的，这条法律在公寓区较严格地得到遵守。住家有权对邻居在晚上10点钟以后发出的不应有的响声或对孩子们在楼梯上、院子里和花园里大吵大闹表示抗议。噪声问题在很大程度上取决于你住的是什么样的房子、有什么样的邻里关系等。如果是老式楼房，墙体比较厚，基本上是隔音的。如果准备举办晚宴而且要搞得很晚，最好事先礼貌地给邻居们打招呼，并尽量把晚会的声音控制到最低程度。

在奥地利，房主或代表房主看管房屋的人应负责保持门前人行道的清洁，冬天有义务清除积雪；如果人行道上结冰，还要在上面撒防滑材料；如果雪和冰已压实，必须在早晨6点到晚上10点之间撒上防滑材料（如有必要，台阶上、过道上也要撒）。防滑材料可以是沙子、粉灰或磨碎的煤渣。一般不准在人行道上撒盐。

奥地利十字路口使用的是绿黄红三色交通灯。在大多数十字路口，绿灯闪亮4下后，就变成黄灯，然后变成红灯。闯黄灯或红灯是违法的。年龄不到12岁的儿童不许在马路上骑自行车。儿童只可以在人行道上骑很小的自行车或小三轮车。

特别提示

★ 在剧院、音乐会等场合，奥地利人通常要穿礼服。

- ★ 无尾礼服或晚礼服,是在特别场合(例如某部乐曲首次上演和宴会)穿的。
- ★ 在特别隆重的场合,例如在国家歌剧院举行的舞会或官方招待会,男士通常要穿燕尾服。
- ★ 到餐厅就餐一般可以不着正装,只有最豪华的餐馆才不允许不系领带和不穿西装的男子进入。
- ★ 如果在接受邀请时,请柬(通常在请柬的左下角)上一般会注明着装要求。男士正装一般指深色领带和晚礼服,女士正装则是拖地的晚礼服。
- ★ 在奥地利,应邀做客或商务会面要预先约定,并应力求做到准时赴约。
- ★ 初次应邀或作非商业性拜访时,可以给主人送些鲜花或巧克力之类的小礼物。
- ★ 送鲜花时忌送红玫瑰(表示爱恋之情)、红色康乃馨(五朔节专用)或成双数的花朵(这被认为是坏运气)。
- ★ 因为大多奥地利人信奉天主教,因此在安排拜访或会面的日期时尽量避开"十三"和"星期五"等日子。
- ★ 同大多数欧洲人一样,奥地利人也有给小费的习惯。
- ★ 奥地利有很多美丽的公园。但是人们把它们看作是花园,而不是英文概念中的公园,一般在草地上散步或躺着是不允许的,小孩子也不准在池塘里漂放小船。

扩展阅读：奥地利的节日

奥地利是世界上节日最多的国家之一。奥地利的主要节日有圣诞节（12月25日）、狂欢节（2月）、复活节（4月）、万灵节（11月1日）、圣灵降临节（6月3日）、马利亚怀孕节（12月8日）等。

同其他西方国家一样，奥地利的所有节日中以圣诞节、复活节和狂欢节最为隆重。圣诞节是奥地利一年当中最大的节日，节前的四个星期天，很多商店破例开门营业，以充分满足人们购物的需求。与此同时，大大小小的圣诞市场争相开放，接待四方顾客。大街小巷彩灯招展，彩带飘扬。12月24日晚上即平安夜，家家户户摆放圣诞树，树上挂满包装得五颜六色的巧克力球和糖果。晚饭后，全家人熄灭电灯，点燃蜡烛，围着圣诞树席地而坐，互赠节日礼物，沉浸在节日的欢乐之中。

复活节是纪念耶稣复活的节日，是夜，教徒们点着蜡烛去教堂做祷告、读圣经、唱圣歌，为新教徒洗礼，晚上吃圣餐。复活节之前，为庆祝复活节的到来，大商场、小商店均出售复活节兔子和复活节彩蛋，以渲染节日气氛。

狂欢节一般在每年2月份举行，目的是驱赶冬天的严寒，迎接春天的到来，主要节庆活动是化装游行。

嘉年华游行
图片提供：达志影像

狂欢节大游行是全民性的，人们身着各式各样的服装、化装成各种角色，参加者从普通百姓到政府官员、从头发花白的老人到出生几个月大的婴儿，都会出现在游行队伍中。

奥地利的主要节日有：

新年：1月1日；

主显节：1月6日，纪念耶稣把自己显示给世人的三个核心事件：贤士来朝、耶稣受洗、变水为酒；

受难节：复活节前的星期五，纪念耶稣受难；

复活节：每年春分月圆后的第一个礼拜日，纪念耶稣复活；

国际劳动节：5月1日；

耶稣升天节：复活节后第40天，纪念耶稣复活后升天；

圣神降临节：复活节后第七个星期一；

圣体节：6月11日；

圣母升天节：8月15日；

国庆节：10月26日；

万圣节：11月1日；

圣诞节：12月25日。

奥地利
AUSTRIA

第二篇
政治环境

奥地利
AUSTRIA

一 国家体制

1867年12月21日,奥地利通过"十二月宪法",从君主专制的国家变成君主立宪的国家,这是奥地利最早的宪法。奥地利第一共和国成立后不久,以社会民主党人卡尔·伦纳为总理的三党联合政府研究制定了一部宪法,并于1920年10月1日经国民议会表决通过。这部宪法后经1925年和1929年修改后一直沿用至今。奥地利联邦宪法分7章152条,主要内容为:全国公民不分出身和性别在法律面前一律平等,实行联邦制国家体制和多党制,实行立法、行政、司法"三权分立"制度等。

奥地利国旗

奥地利国徽

奥地利是一个共和国。第二共和国的宪法是对1929年宪法稍加修改后的文本。这些修改内容主要是为了加强中央集权。现宪法将立法权、行政权和司法权严格地分立;规定充分保障人权和自由,并保障少数民族的权利。

在奥地利,总统是国家元首,但不掌握实权。总统由公民投票直接选举产生。凡享有参加国民议会选举权、年满35周岁的奥地利人都可竞选总统。总统每届任期6年,只可连选连任一次。

二　政治制度

1　政体概述

奥地利的政体是议会制的民主共和制。奥地利是一个联邦制国家，国家的联邦制体现在联邦政府与各州政府之间分权和中央立法机构成员的组成方面。联邦政府拥有比较广泛的立法权和行政权。在其他具体的领域，由联邦制定原则或立法，各州负责执行，剩下的权力均属各州。

在奥地利，议会（Parlament）是国家最高权力机构，主管立法事务。奥地利联邦议会实行两院制：国民议会（Nationalrat）即下院，有议员183名，由全体年满20岁的公民按比例代表制以平等的、直接的、秘密的和亲自投票的方式选举产生，任期4年，享有主要的立法权力；联邦议会（Bundesrat）即上院，有58名议员，由各州议会选举产生，名额因各州人口的多寡而不同，其主要任务是审议国民议会通过的法案。两院合议时组成联邦大会，主要任务是决定对外宣战和接受总统任职。

奥地利有独立的宪法法院，保护公民的宪法权利，调解州与中央政府之间在执行宪法方面的争议。还有一个类似的行政法院，处理越过行政权限的案件。

2 国民议会的组成与职权

(1) 国民议会选举

奥地利国民议会选举采取比例选举制。183个议席按各选区人口比例分配。自1971年以来的历次选举，得议席最多和最少的选区分别是维也纳和福拉尔贝格州。议员候选人由参加竞选的党派提名，被提名的候选人必须得到至少三名国会议员或200～500名（各选区人数不等）选民的签名支持，方可上报隶属内政部的选举管理机关。选民参加选举只能在选举管理机关提名的参选党派中进行选择，而不能针对某个候选人。所以，选民投票选举议员实际上只是投票选举某个政党。二战后，奥地利国民议会的议席历来为社会党、人民党、自由党（1956年以前还有共产党）这些少数政党垄断。

(2) 国民议会的组织机构

国民议会由议长、第二议长和第三议长组成领导核心，议长一般由议会中最大的党出任。国民议会议长是仅次于总统的国家第二号人物，社会地位较高，但无实权。

议长及其两位副手（第二议长和第三议长）由每届国民议会在首次会议上选出，任期与议会任期相同。议长选举由上届议长主持，然后由当选议长主持选举第二议长和第三议长。

二战后，奥地利国民议会议长均产生于议会中最大的议会党团，第二议长基本由第二大议会党团出任。奥地利《国民议会工作条例法》规定议长的职权和任务如下：对外代表国民议会，主持会议，决定会议日程，领导表决并确定其结果，负责工作条例的实施，维护议会大厅里的秩序，行使议会内部的管理权和治安权，领导议会的工作，维护议会的尊严和权益。

（3）联邦议会的组成与职能

联邦议会是9个州在联邦的代表机构，共有58个议席，由各州议会选举的代表组成。议员任期分别与各州议会的立法期一致。联邦议会议员的任期是无限的，只是其部分议员要按各州议会在不同时间举行选举之后更换。联邦议员不必是派遣州的议员，但须享有当选该州议员的资格。州议会须按各政党在该州议会所占议席的比例选举联邦议员，至少保证州议会的第二大党享有一个名额。宪法对联邦议会的议员人数作如下规定：人口最多的州派遣12名，其他州派遣的人数要比照该州与人口最多州的人口比例，但不得少于3名。各州向联邦议会派遣议员的人数在每次人口普查之后由总统确定。

联邦议会的职能是在联邦代表各州的利益，参与联邦立法工作以及参与和监督联邦行政事务。联邦议会的职能包括参与联邦立法工作、监督联邦行政事务，代表州的利益通过联邦政府向国民议会提出法律议案等。联邦议会参与联邦行政事务的权力主要表现在，总统解散某个州议会须经它的同意和对宪法法院的部分法官人选提出建议。联邦议会的监督权包括对联邦政府或其成员提出质询、同国民议会一起要求召开联邦大会，以及对总统实行监督等。

宪法规定，联邦议会可将反映州利益的法律议案通过联邦政府提交给国民议会，但对国民议会如何审理议案却无权施加影响。

（4）联邦大会

国民议会和联邦议会举行的联合会议是联邦大会（Bundesversammlung），其主要职能是决定战争的宣布，接受总统就职宣誓，决定对总统进行法律追究和对总统违反宪法的行为上告宪法法院，决定就罢免总统问题举行公民投票表决。联邦大会有时也召开会议，庆祝国家重要的纪念日。

联邦大会开会根据不同议题分别由总统（例如决定对外宣战）、总理（例如制裁总统）和国民议会的三位议长（例如举行总统的宣誓就职仪式）负责召集，大会主席轮流由国民议会议长和联邦议会主席担任。会议的决议由大会主席和总理签署颁布。

（5）政治中心

在奥地利，不少联邦区域内部的历史文化和政治中心成为各州首府，如格拉茨、因斯布鲁克和萨尔茨堡等，它们都曾经是国家的首都，对奥地利国家的形成起过巨大作用。奥地利现在的首都维也纳更是世界闻名，它地处连接从波罗的海到地中海地区的多瑙河河畔，拥有得天独厚的地理位置。由于对东欧的开放，这个多瑙河大都市也成为奥地利乃至欧洲最重要的政治、经济和文化中心之一。

早在2000年前，罗马人就在当今维也纳内城的中部建了一座边防城市，取名为文多波纳（Vindobona）。公元1137年，巴奔堡王朝定都于此，维也纳逐渐成为著名的文化与政治中心。13 世纪初，哈布斯堡王朝建立，开始了此后持续 6 个多世纪的哈布斯堡家族的统治，同时也开始了对维也纳这座城市漫长的建设过程。

1740 年，在女王玛丽亚·特蕾西亚的支持和鼓励下，维也纳市的艺术，特别是在音乐领域的艺术氛围逐渐浓重。在以后的岁月中，世界上最著名的音乐家都曾在维也纳发展他们的艺术事业，维也纳逐渐成为闻名遐迩的音乐之都。弗兰茨·约瑟夫皇帝在位期间，维也纳进行了大规模的重新规划和建设，将老内城墙改建为壮观的内环路，马路由一系列宽阔的林荫大道组成，环绕着整个内城。两侧的公园、花园间坐落着庄严雄伟的建筑物。城内豪华的歌剧院、剧院、音乐厅、博物馆鳞次栉比。在内环路以外的城市不断延伸，构成其余 22 个区，各区内有许多公园、农庄和葡萄园。维也纳在二战期间遭到巨大破坏，并在战后被划分成 4 个区，只有内城被置于美、俄、英、法四国的联合管辖之下。直到 1955 年奥地利获得独立，维也纳才随着国家经济的复苏而恢复昔日繁华的景象。

扩展阅读：维也纳的主要人文和自然景观

维也纳老城与内城

维也纳老城集中了大部分历史古迹，是世界文化遗产，其标志性建筑物是有 800 余年历史的圣斯特凡大教堂。维也纳的第一座咖啡馆还坐落在老城区，维也纳的咖啡馆文化兴于此处，而众多伟大艺术家的创作灵感也有很多产生于此。在老城周围的维也纳内城是整个城市公共建筑最集中的地方，矗立着美术博物馆、自然历史博物馆、法院、议会、市政厅、国家剧院、维也纳大学和教堂。整个建筑群几乎涵盖、融合了欧洲不同历史时期的建筑风格。

美泉宫（Schloβ Schönbrunn）

被联合国教科文组织列为世界文化遗产的美泉宫是哈布斯堡王朝的夏宫，属于洛可可式建筑风格，于1775年落成。宫殿坐落在一座小山丘上，周围花园环抱。美泉宫共有1441个房间，其中40间已经对公众开放。在宫殿花园中还有皇室御车陈列馆、热带植物温室和早在1752年就对公众开放的世界上最古老的动物园；此外，美泉宫还拥有法国古典风格的园林、新古典主义的柱廊、海神喷泉和无数雕像以及别具一格的山顶观景台。

霍夫堡宫（Hofburg）

霍夫堡宫是哈布斯堡王室的皇宫，它占地面积很大，反映了哈布斯堡王室盛世时的奢华和辉煌。宫殿分两部分——旧宫和新宫。旧宫是哈布斯堡王族的住处，新宫一直未完工，只建了东南角。新宫中最重要的观光景点之一是帝王卧室，陈列着弗兰茨·约瑟夫皇帝很简朴的行军铁床和伊丽莎白王后的木质体操用具。

圣斯特凡大教堂（St. Stephansdom）

圣斯特凡大教堂耸立于维也纳老城区的中心，中世纪以来一直是城市的焦点，也是维也纳的标志性建筑。公元 1260 年，奥特卡二世（Ottokar Ⅱ）公爵建造了一个罗马风格的方殿式教堂，即斯特凡大教堂的前身。后来在 1304～1405 年，又为它添加了一个哥特式圣坛和一个晚期哥特式的中殿。其中最引人注目的就是由建筑师安东·皮尔格拉姆（Anton Pilgram）1515 年设计的具有晚期哥特式风格的布道坛。

维也纳国家歌剧院（Wiener Staatsoper）

维也纳国家歌剧院作为"音乐之都"维也纳的象征，巍然屹立在城市中心。国家歌剧院的设计和建造是在 1861～1869 年完成的。1869 年 5 月 25 日，国家歌剧院首场演出了莫扎特的歌剧《唐璜》，从此揭开了辉煌的序幕。二战时，歌剧院曾遭严重破坏，现存的歌剧院是战后经过 10 年整修才恢复原貌的。从外观上看，维也纳歌剧院有着古罗马宏伟建筑的风貌：外墙红白相间，许多屋顶上有音乐女神的雕像；在大理石建成的前厅和侧厅里，绘满了精美的壁画，莫扎特、贝多芬、舒曼、海顿、巴赫等伟大音乐家的肖像和现代著名演员的照片都悬挂其中；剧场有 1600 多个座位和 600 余个站席，四周是 6 层包厢；天花板上密密麻麻的小灯如点点星光，巨大的射灯又如小太阳般照得整个剧院通明透亮。维也纳国家歌剧院是全世界公认的顶级歌剧院。全世界最著名的作曲家、指挥家、演奏家、歌唱家和舞蹈家，都以能在维也纳国家歌剧院演出而感到荣幸。除了一年一度世界最大的舞会外，每年还要举行至少300场以上的歌舞晚会和演出，节目每晚不同，而且规模宏大。

音乐之友协会（Musikverein）与"金色大厅"（Goldener Saal）

音乐之友协会是奥地利中产阶级自发创建的自己的音乐活动和聚会场所。该建筑始建于1867年，1869年对公众开放。1870年1月6日，音乐厅的金色大演奏厅举行首场演出。1872～1875年著名音乐家勃拉姆斯曾负责组织音乐厅的演奏会。自1939年开始，维也纳爱乐乐团（Wiener Philharmoniker）每年1月1日在此举行维也纳新年音乐会，后因战争一度中断，1959年又重新恢复。音乐之友协会内还有收藏馆，分为两间：一间是展览室，定期举行藏品展览；另一间是档案室，收藏着大量历代手写、木刻、铅印的音乐书籍、乐谱和音乐大师的乐稿、书信。屋子中间是一长排桌子，供研究者查阅资料之用。音乐之友协会拥有会员7000多人，据说是世界上历史最久、人数最多的音乐组织。

除去上述主要景观,维也纳著名的风景还有建在原城墙外护城河旧址上的城市公园(Stadtspark)、收藏奥地利中世纪和巴洛克艺术珍品的白乐宫(Belvedere)、埋葬着许多大音乐家的维也纳中央公墓(Zentralfriedhof)和馆藏丰富的阿尔贝蒂纳博物馆(Albertina)。

维也纳除了拥有丰富的文化遗产外,还是继纽约和日内瓦之后联合国机构的又一个常设驻地。在维也纳设立的第一个国际组织是国际原子能机构,此外还有联合国维也纳办事处、社会发展和人道主义事务中心麻醉药品司、国际麻醉品管制局秘书处、联合国管制滥用麻醉药品基金会、联合国国际贸易法委员会、联合国邮政管理处、联合国环境署原子辐射影响科学委员会秘书处、联合国近东巴勒斯坦难民救济和工程处以及联合国难民事务高级专员驻奥地利外地办事处。另外两个不属于联合国体系的国际组织也设在维也纳及其近郊:石油输出国组织(欧佩克)设在维也纳;国际应用系统分析研究所设在下奥地利的拉克森堡,离维也纳市中心约15公里。

3 主要政党

(1) 社会民主党

奥地利社会民主党(SPÖ:Sozialdemokratische Partei

Österreichs，1991年6月15日前名为Sozialistische Partei Österreichs），简称社民党，成立于1945年。

奥地利社会民主党是一个有着上百年历史的党派，在欧洲各党派中声名显赫。其前身是建于1888年的奥地利社会民主工党。1970~1983年在奥地利单独执政，1983年以来先后与自由党和人民党组成联合政府。社民党现有党员60余万，主要成分为工人和职员，现任主席是奥地利前总理维克托·克利马。社民党是社会党国际成员，认为社会主义运动的根本价值是实现自由、平等、正义和团结。在对外政策上，它强调奥地利作为工业强国应在欧洲联合进程中发挥重要作用；对内政策上主张保证就业，提高工人的社会权利，全面实现福利国家的目标。社会民主党在2008年选举中获胜，与人民党组成联合政府。2013年10月，执政的社会民主党和人民党在国民议会选举中再次胜出。

（2）人民党

奥地利人民党（ÖVP，Österreichische Volkspartei），成立于1945年，是一个基督教民主党，前身是1887年建立的奥地利基督教社会党，根据"社会一体化和联邦主义"的原则而创建，由职工联盟、经济联盟、农民联盟、妇女运动、青年人民党以及退休人员联盟等组织所组成，主要成分为中小企业主、农场主及知识分子，党员人数近80万。人民党在二战后直到1970年的20多年里曾是奥地利的主要执政党，1987~2000年一直和社民党一起组成奥地利大联合政府。人民党主张在欧洲范围内建立一个自由、独立的奥地利，信奉民主、法治和自由的社会秩序，认为保证公民个人的人格尊严是该党的最高义务，致力于实现人民生活的富裕化。该党主张让公民更多地参与国家的决策过程，主张在不损害国民利益的前提下，进行有序的移民和为政治避难者提供帮助。经济上主张自由化，倡导生态社会市场经济。

（3）自由党

奥地利自由党（FPÖ, Freiheitliche Partei Österreichs），成立于1956年。创建之初的自由党是一个较为偏右的"自由主义"政党。但由于它强调奥地利属于一个"大德语文化共同体"，反对社民党和人民党的"红黑联盟"，所以在成立之初就吸引了一些前纳粹党人，从而具有一定的"极右翼"色彩。在自由党内部，历来有左右之分：自由党左翼持有较为典型的"自由主义"意识形态，而右翼则具有更加强烈的民族主义色彩。1986年，自由党右翼的代表人物海德尔当选为党主席，民族主义逐渐成为该党的主流意识形态。1993年，自由党内部矛盾激化，左翼自由党另立新党"自由论坛"（Das Liberale Forum），从而宣告了自由党的分裂。

（4）绿党

奥地利绿党（Grüne, Die Grünen）是20世纪70年代后期由反对利用核能及保护生态环境运动发展起来的政治组织，80年代初形成规模，1986年11月首次参加大选，初战告捷，获4.8%的选票，进入议会，进而成为第四大党。

三　行政结构

奥地利联邦政府即中央政府，是最高国家行政机关，是统治国家的"权力中心"，联邦政府首脑是联邦总理。奥地利各联邦州有经选举产生的、具有双重职权的州长。联邦州州长既是本州负责处理中央管辖事务的最高行政长官，又是负责处理本州自治事务的总理。在维也纳，最高长官是市长。

奥地利政府现设14个部，职权范围十分广泛，其中包括根据宪法和法律制定政策、法规和行政措施；发布决定和命令；对重大国际国内问题表态和采取对策；向国民议会提交议案；决定和宣布国民议会和联邦总统的选举日期；对州政府制订的行政法规提出异议；任免中、下级官员；管理国家内政、外交、军事、财政、经济、文化等各方面的事务等。

奥地利战后的联邦政府主要由人民党和社会党组成。2008年，社会民主党在选举中获胜，与人民党组成联合政府。2013年10月，执政的社会民主党和人民党在国民议会选举中再次胜出。

四　司法结构

奥地利全国有三个最高级法院，即宪法法院、最高法院和行政法院。宪法法院的主要任务是审核法律、监督国家机构的活动是否符合宪法的基本原则、裁决宪法性纠纷、维护宪法的权威性。宪法法院由院长、副院长及 12 名法官和 6 名候补法官组成，其中院长和副院长及法官的半数由联邦政府提名，联邦总统任命。其他法官由总统根据议会的建议任命。

最高法院是审理民事和刑事案件的最高机构，其主要职能是监督下属法院的工作。最高法院由一名院长、两名副院长、11 名法官及若干辅助人员组成，所有法官均由总统或总统授权的部长任命。

行政法院的主要职能是监督各级行政机构执行和遵守国家法律的情况，审理涉及官方机构及其工作人员的行政纠纷案件。行政法院由院长、副院长和若干必要的成员组成，所有人员均需由联邦政府提名，由联邦总统任命。

五 外交关系

1 与欧盟成员国关系

在1945～1955年四大国占领期间，奥地利就努力争取被接纳为欧洲委员会成员。在1969～1974年和1979～1984年，奥地利先后派出鲁措·托西克和弗兰茨·卡拉塞克担任欧洲委员会秘书长。1989年7月，奥地利向当时的欧共体理事会提交了加入欧共体的申请，这一申请是在奥地利联邦议会和国民议会成员，以及奥地利绝大多数政党和所有联邦政府成员达成共识后提出的。1994年6月12日，奥地利举行关于加入欧洲共同体的全民公决，公决以66.58%的票数得到绝大多数奥地利人的赞同，投票率高达81%。1995年，奥地利先后加入欧洲联盟和北约的和平伙伴关系计划，1999年1月1日成为首批欧元国。奥地利终于完成了一个长达几十年的在政治、经济上接近欧洲一体化的进程。

在奥地利社会各领域中，经济领域因欧盟扩大而受益最多。欧盟扩大后，地处新欧盟中心的奥地利成为联系东西欧和南北欧的纽带，这一地缘优势促使奥地利的外贸、交通、旅游等行业成为增长最快的行业，这一发展趋势也为奥地利就业市场的好转提供了基础条件。

由于地理、历史和文化渊源，奥地利十分重视与东欧邻国的关系，积极推动欧盟和北约东扩，认为这是实现欧洲长久稳定战略的明智之举。目前，奥地利与西欧联盟及北约有密切的合作关系，但同时强调奥地利不放弃永久中立的地位，认为这符合奥地利的安全利益。但奥地利在中立政策上的态度受到其他欧盟国家的批评，认为奥地利加入了欧盟并享有了一切权利，一旦欧盟发生政治危机，奥地利则无中立可言，作为成员国不能只想受益而不履行其应尽的义务。

奥地利则认为，欧盟应加强共同外交和安全政策建设，尽快建立欧盟独立安全防务体系，加强欧洲在面临局部冲突时的干预能力；欧盟应提高决策和行动能力，制定统一宪法，并最终成为高度一体化的联邦；强调大小成员国一律平等，中小国家只有结成利益共同体才能更有效地维护各自在联盟内的利益；主张欧盟各机构间权力平衡，维持欧盟轮值主席制，各新老成员国在欧盟委员会拥有一个表决席位；认为欧盟东扩将长久确保欧洲的和平与稳定，对维护和促进欧盟周边地区乃至世界的和平、稳定与发展具有重要战略意义。

作为永久中立国和欧盟2005年东扩之前的"欧盟东边界"，奥地利多年以来曾为欧洲的安全做出很大贡献。面对欧洲新秩序，奥地利把中立理解为积极的和平政策，积极参加欧盟的共同外交和安全政策。在克服环境污染问题，应对恐怖主义、核危险、经济危机、能源和原料供应、毒品和疾病（如艾滋病）等问题上，奥地利倡导进行全世界和区域范围的合作。

2　与美国的关系

奥地利一直重视与美国的关系，同美国的关系一直处于良好状态。美国是奥地利在欧盟以外最大的贸易伙伴。1955年10月26日,奥地利国民议会通过永久中立法,宣布不参加任何军事同盟,不允许在其领土上设立外国军事基地。但是,随着时间的推移和形势的变化,是否继续保持政治中立成为奥地利的一个焦点政治问题。奥地利地处欧洲中部,是欧洲重要的交通枢纽。在美国发动伊拉克战争之时,美国希望自己在德国军事基地的军队取道奥地利,进入海湾地区,从而大大节省运兵时间,但是奥地利以严守中立为由,断然拒绝了美国的要求,而且不允许美国空军飞越自己的领空。对此,美国前国防部部长拉姆斯菲尔德大为不满,对奥地利的中立政策提出质疑。

3 与俄罗斯等东欧国家间的关系

由于地缘和历史、文化渊源等因素,奥地利始终重视与中东欧国家的关系,主张以传统关系为基础,以欧盟东扩为契机,与中东欧国家建立"战略伙伴关系"。奥地利与中东欧国家的双边互访、定期会晤及多边磋商频繁,由奥地利总统倡导发起的中、东欧国家首脑会晤业已制度化。奥地利着力通过扩大贸易和投资巩固奥地利在该地区的经济地位,在欧盟内积极推动吸收东欧国家入盟。

苏联解体后,俄罗斯承袭苏联的对奥地利关系,在奥地利驻有强大的外交代表机构。奥地利始终重视与俄罗斯的关系,十分看重俄罗斯在实现欧洲和平、稳定和发展方面的"关键作用",以及俄罗斯市场潜力和自然资源。在推动欧盟与俄罗斯建立全面合作关系的同时，谋求加强奥俄双边关系。

奥地利与俄罗斯两国贸易呈现相当的互补性，俄罗斯向奥地利提供石油和天然气，奥地利向俄罗斯提供钢材和机械设备。俄罗斯是奥地利第 18 大出口国和第 13 大进口国。

奥地利同东欧邻国有着传统的历史关系，领导人之间的互访一直很频繁，贸易额也相当高。冷战之后，奥地利向匈牙利、捷克、波兰等国大量投资，双边贸易发展很迅速。奥地利同其他东欧国家也保持着良好的关系，经贸关系日趋密切。

4　主要国际参与

奥地利在历史上曾经是一个多民族的君主制国家，原奥地利的议会由许多来自德意志、意大利、罗马尼亚、斯洛文尼亚、塞尔维亚、克罗地亚、波兰、捷克等国家和民族的代表组成。因此，无论是民族、种族和少数民族多元化，各州的多元化，还是政党、利益集团、宗教、世界观和意识形态多元化，都对奥地利今天的内政外交政策影响颇深。

在战后 40 年的东西方冷战期间，奥地利采取了中立和不结盟的政策，永久性的中立政策在奥地利联邦宪法中得到明确规定。冷战结束后，奥地利认为世界各地的区域性战争、国际恐怖主义、各种跨国犯罪活动和内战的危险依然存在，在国际上统一步骤、协调行动同样具有现实意义。因此，"积极主动的对外政策"成为奥地利外交政策的一大特色，也是其永久中立政策的特点与前提。

奥地利积极参与国际事务，谋求在国际事务中发挥作用，关注中东、伊核、朝核等热点问题，主张通过和平对话解决争端；重视与联合国的合作，努力发挥维也纳作为联合国机构所在地的作用。

特别提示

★ 2015年4月，奥地利正式成为亚洲基础设施投资银行意向创始成员国。

★ 美国是奥地利在欧盟以外最大的贸易伙伴。

★ 二战后，奥地利联邦宪法规定奥地利成为永久中立国（当下国际承认的永久中立国有奥地利、梵蒂冈、哥斯达黎加、爱尔兰、列支敦士登、土库曼斯坦、瑞士）。

奥地利
AUSTRIA

第三篇
经济状况

奥地利
AUSTRIA

一 能源资源

奥地利拥有丰富的水力与森林资源，全国林地约占国土面积的43.3%。奥地利还拥有丰富的矿藏资源，其中菱镁矿储量8000万吨，居世界第二位，年产量100万吨左右，最大矿区在南部穆尔河谷。铁矿是奥地利最重要的矿藏资源，中部的埃尔茨山铁矿占全国储量的30%和产量的90%。奥地利的石墨储量居世界第一位，主要分布在凯泽斯贝格。其他的矿藏还有褐煤、石油和天然气、食盐、铝、钴、锌、铜等。

奥地利地处欧洲腹地，地貌多样，气候类型多变，因其拥有起伏的地势和多变的气候而使其动植物种类繁多。在奥地利

奥地利的旅游胜地：十二尖顶山（Zwoelferhorn）和沃尔夫冈湖（Wolfgang）
图片提供：达志影像

的平原和丘陵地区，植物带基本上符合大气候带植物生长的特征。在奥地利所看到的中欧植物种群中，非常典型的是橡树和山毛榉。在海拔 1200 米以上，主要分布的是云杉，再往上就是落叶松和五针松。

奥地利森林资源丰富，是世界闻名的"森林之国"，森林面积 3.63 万平方公里，为欧洲森林分布最稠密的国家之一。奥地利的森林以天然林为主，用材林占 64.5%，山地防护林占 30.7%，环境林占 3.6%，休闲林占 1.1%，平原农田防护林占 0.1%。森林总蓄积量 9.7 亿立方米，平均每公顷蓄积 257 立方米，是世界平均水平的 2.3 倍；人均占有森林面积 0.5 公顷，蓄积 120 立方米，分别是中国人均水平的 4.5 倍和 12 倍。奥地利森林的所有制结构以私有林为主，21.4 万多个私有林主拥有全国森林面积的 79.5%。公有林占 20.5%。在奥地利阿尔卑斯山前地带，森林已经大多为耕田和牧场所取代，尤其在阿尔卑斯山北麓，大约海拔 600 米以上，几乎全都变成了牧场。

二 基础设施

奥地利地处欧洲中部，拥有良好的基础设施，是欧洲重要的交通枢纽。发达的公路、航空和铁路以及水路通道为欧洲大陆人员和货物流通提供了很大便利。

第一，铁路。奥地利全国铁路总长6399公里。2013年客运量2.74亿人次，同比增长4%，货运量约9545万吨。特殊的地理位置使奥地利成为欧洲的轨道交通枢纽。维也纳中心火车站于2014年底正式建成使用，旅客无须费很大周折，即可

萨尔察赫河(Salzach)上的高速公路桥
图片提供：达志影像

实现东西和南北方向的直接通行，铁路运输也更加快捷。乘坐2009年初开通的欧亚大路桥新线，只需2周多的时间即可由中国北方到达奥地利中部，为贸易提供了新的便利。

第二，航空。奥地利的航空客运和货运在欧洲中部的实力相对较强，维也纳到周边国家主要城市均有直航航班，也有直达中国的国际机场。奥地利航空公司曾是世界上最佳航空公司之一，但由于经营不善，2009年被汉莎航空公司收购。

第三，公路。奥地利全国各类公路总长约12.5万公里，其中高速公路和高等级公路2112公里。2013年公路货运量3.25亿吨。奥地利公路交通四通八达，一般快速公路和联邦公路都为免费公路，但高速公路和某些多车道公路都属于收费道路。

第四，水运。发源于德国的多瑙河有350公里流经奥地利境内，奥地利因此也成为这条国际河流的主要经营者之一。夏季时多瑙河之游已成为奥地利旅游的主要项目之一。2014年多瑙河货运量为1012万吨。

第五，通信。奥地利电信市场目前主要有四大运营商，其中奥地利电信占据主要位置，市场份额约为41%，德国电信公司是第二大移动运营商，市场份额约为31%。2014年，奥地利81%的家庭接入互联网，奥地利79%的家庭是宽带用户；拥有电脑的人数为695万人。

第六，电力。奥地利电力资源丰富，完全可以保障工业生产和居民生活用电。电力生产的72%来自水力发电，19%使用天然气，其余为风力、生物质能和其他生物燃料。在注重环保的奥地利，再生能源的利用比例不断提高，根据奥地利政府的规划，到 2020 年，可再生能源在总消费能源中的比例将提高到 26%。奥地利还与德国、捷克等周边国家实现了电网互联互通。

2013 年，奥地利 80% 的家庭接入互联网，79.8% 的家庭是宽带用户；拥有电脑的人占全国人口的 82%；网络购物的人数比重达 54%。

三 国民经济

1 宏观经济

根据奥地利信贷保护协会（Creditreform）发布的数据，2013年上半年奥地利企业破产数量为8379家，比2012年同期下降3.7%。很多企业从2008年经济危机中吸取了教训，市场行为更加谨慎。特别是贸易、制造业和旅游业的破产企业数量减少，对缓解奥地利就业形势、推动经济复苏起了积极作用。

奥地利统计局2013年9月的数据显示，该国国债小幅增加。2013年第一季度，奥地利国债总额为2314亿欧元，占国内生产总值的比重为74.2%；第二季度的国债总额为2328亿欧元，占国内生产总值的比重为75.1%。

欧债危机期间，奥地利政府推行的财政紧缩计划发挥了一定作用，政府财政赤字由2009年的-4.1%减至2013年的-2.3%。2013年3月，奥地利政府宣布，2016年达到财政收支平衡，2017年实现财政盈余，国债降至67%。

近年来，受欧债危机影响，奥地利经济低速增长，失业增加。2013年第一、第二、第三季度，奥地利失业人口分别为23.23万、19.66万和21.34万，失业率依次为5.4%、4.5%和4.3%。虽然奥地利仍是欧盟失业率最低的国家之一，但前景不容乐观。导致奥地利失业率攀升的主要原因是经济不景气，其中建筑业和工业领域就业岗位减少明显，就业困难的群体主要是老人、移民和低技能的人群，失业人口中的 47% 仅完成义务教育。目前，奥地利政府虽然推出了一系列就业促进措施，但根本改观还有待于经济回暖。

特别提示

★ 总的来看，奥地利的经济情况好于欧元区平均水平。
★ 奥地利是欧盟失业率最低的国家之一。
★ 德国是奥地利最大的对外贸易伙伴国，奥地利每年近一半的进出口贸易额是与德国发生的。
★ 良好的投资环境和很低的风险使奥地利成为世界上理想的投资国之一。

2　贸易状况

奥地利地处中欧，优越的地理位置使它一直是东西方贸易的桥梁。奥地利对外贸易在经济中占重要地位。奥地利与 150 多个国家和地区保持贸易关系，主要贸易伙伴是欧盟成员国，其中德国、意大利等国是最主要的贸易伙伴国。在欧盟之外，瑞士是其最大贸易伙伴。在欧洲之外，美国是其最重要的贸易伙伴。中国与奥地利之间的贸易近年来发展迅速，目前中国是奥地利在欧洲之外仅次于美国的第二大贸易伙伴。

近年来，奥地利出口经济继续保持增长趋势，出口经济已经成为奥地利经济增长的最主要动力和强大支柱。出口经济的增长对工业领域连年的失业增长也有十分重要的抑制作用。虽然奥地利对德国以及北美的出口不断增长，但来自对方的进口也同时保持增长趋势，贸易逆差形势未得到扭转。据奥地利统计局统计，机械和运输设备、以材料分类的制成品、化学制品是奥地利的主要出口产品，2013年这三类产品占奥地利出口总额的72.7%；机械和车辆、加工产品、其他制成品是奥地利进口的前三大类产品，合计占到奥地利进口总额的62%。

在农业进出口方面，由于关税取消，奥地利农产品出口增加，但同时从中东欧国家的进口也明显上升，从总体看，进出口保持均衡。然而奥地利农民在奶制品、蔬菜、糖、粮食和肉类方面，面临着越来越大的来自东欧进口产品的竞争压力。东欧农产品进口量激增的直接原因是价格差。波兰的肉类价格仅为奥地利的1/3，牛奶的价格要便宜一半。欧盟东扩后农产品的价格给整个欧盟带来了压力，奥地利由于其所处的地理位置而首当其冲，例如，来自斯洛伐克和匈牙利的新鲜蔬菜转瞬就被维也纳的市场消化掉了。有农业专家抱怨来自东欧的糖和粮食充斥市场，奶制品的大量进口也形成了严重冲击。奥地利农业的发展方向在于农产品的深加工，这也是奥地利农业成功的经验。奥地利对于关键的行业采取措施以保护本地品牌，例如马希费尔德"Marchfeld-Gemüse"蔬菜品牌战略就是一个成功应对廉价进口蔬菜竞争的典型范例。由于奥地利人十分注重生活质量，因此奶制品加工企业的高级奶酪和酸奶仍具有市场潜力。反之，原料性农产品（如黑麦）生产方面的竞争将会愈来愈激烈。

2013年前三个季度，奥地利与欧盟国家的贸易额为689.7亿欧元，与2012年同比下降1.7%，进口额为968.3亿欧元，同比降低2.1%，出口额为932亿欧元，同比增加0.7%；2013年1~9月的贸易逆差为36.3亿欧元，同比下降43%。奥地利与其最大贸易伙伴德国间的进口贸易额降至36.4亿欧元（-2.9%），出口额为283.8亿欧元（-0.4%）；与第二大贸易伙伴意大利的进口额同比降低了4.7%，为59亿欧元，出口额同比降低4.8%，为61亿欧元。

奥地利贸易趋稳主要得益于对海外市场出口的增长。近年来，奥地利逐渐将贸易重点放在欧盟以外的市场并获得较大成功，给本国经济带来机遇。奥地利对美国、俄罗斯、北非以及亚洲等国家和地区的出口都有强劲增长。奥地利与欧盟以外国家贸易发展势头良好，有效缓解了奥地利进出口贸易在欧元区危机中受到的冲击。未来，奥地利出口的重点仍然是海外市场，特别是亚洲和非洲市场。

3 投资状况

（1）外国投资状况

据奥地利央行统计，2013年外国在奥地利直接投资额为82.17亿欧元。对奥地利投资最多的国家分别是俄罗斯、德国、卢森堡和匈牙利。据联合国贸发会议发布的2014年《世界投资报告》显示，2013年奥地利吸收外资流量为110.8亿美元；截至2013年底，奥地利吸收外资存量为1835.6亿美元。

奥地利央行2014年的报告指出，目前奥地利正在中、东欧地区拓展其经济地位。对罗马尼亚的投资为17亿欧元，排在首位；对欧盟新成员国斯洛文尼亚和候任欧盟成员国克罗地亚的投资各为2.2亿欧元。相反，奥地利对传统投资热点国家如波兰（1.9亿欧元）、斯洛伐克（1.05亿欧元）和捷克（1.5亿欧元）的投资都比往年有所下降，只有对匈牙利的投资还保持了较高的势头，投资额达到了6.6亿欧元。

（2）投资环境

奥地利欢迎外国投资，在政策和管理方面，奥对外国来奥直接投资基本上没有限制，而制定了一系列优惠和促进措施。奥联邦经济部是外国在奥投资的主要管理部门，除此之外，奥联邦政府还在各级机构中设置了相应的部门为外国投资者提供免费咨询及服务。联邦政府、州政府及城镇政府对外国投资者在奥购置厂房、进行开发、兴建办公楼舍、添置生产设施及实施科研开发计划等方面的投资行为予以优待。奥对能实行下列目标的投资项目提供优惠政策：①有助于提高劳动生产率和改善待开发地区的经济结构；②能创造高水准的工作岗位；③有利于应用工业研究和发展；④引进先进生产方式；⑤生产易推销出口的新产品；⑥对环保、节能储藏领域的投资以及无形财产投资。重点鼓励投资的领域为远程通信、通信技术、信息技术、工业及原材料技术、标准检测工艺、生物工程、医疗卫生和培训、科研开发等。奥地利对投资的优惠政策具体表现为：向投资者提供低息贷款，提供补贴和担保。另外，在奥联邦税法中对外国投资者在减免税方面有着更详尽、更具体的规定。

奥地利没有专门为鼓励外商投资的法令，所有成立公司、营业许可的申请与核发、生产或交易行为、雇用员工、缴税等相关环节，外资公司与奥本国企业享受同等待遇。良好的投资环境和很低的风险使奥地利成为世界上理想的投资国之一。世界主要国家投资环境/无风险指数的排名情况见下图。

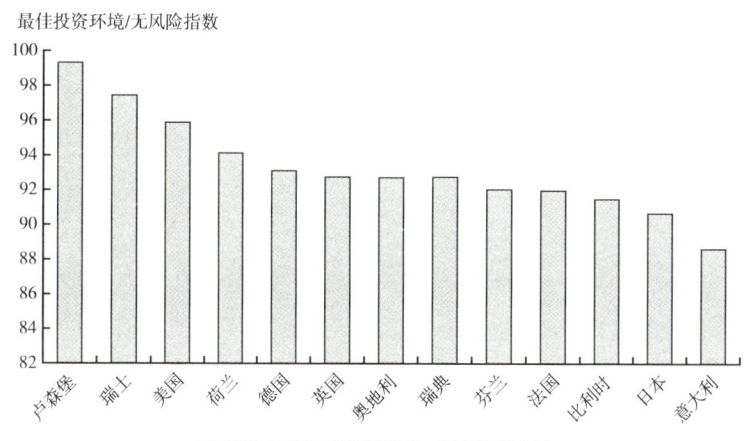

最佳投资环境/无风险指数

（卢森堡、瑞士、美国、荷兰、德国、英国、奥地利、瑞典、芬兰、法国、比利时、日本、意大利）

世界部分主要国家最佳投资环境/无风险指数排名

为吸引外商来奥地利投资，奥国设有一个专门机构——奥地利商务署（Austrian Business Agency，简称ABA），为外商提供各项咨询服务与行政支持。除此之外，外资企业或国内企业在享受欧盟或奥地利国内各项有关企业奖励资助的措施（如奖励研发、鼓励青年创业等）上并没有差别，奥地利也没有专门制定有关针对外商的特殊奖励措施。不少欧盟国家为吸引外资，特别为外资企业提供各项赋税减免、资金补助、员工津贴或对办公室、厂房给予租金补助奖励等，奥地利却对外商和本国企业一视同仁。如果外资企业是一个较大规模的跨国集团公司，并且该公司在奥地利的投资项目可以为当地创造众多就业机会并有效提升当地经济效益，州政府一般均会根据其权限许可，配合给予部分奖励，例如公共设施之特别开发、长期低息贷款、研发支出免税或延长工时标准，以及其他相关行政支持等。这些做法只能当作个案处理，并无统一的标准，通常需依靠投资方自行与州政府谈判争取，而且最好在投资行为发生前把一切谈妥，并取得书面承诺。奥地利与其他欧盟国家对于外资原则上并无法定投资限制，但一般应注意以下事项：环保方面须避免污染环境，产品安全性方面不得从事武器制造，公共卫生方面须符合相关食品卫生法规等。

与此同时，奥地利安全的社会治安状况保证了来奥地利的投资者无论是其人身安全还是财产安全都将受到严格保护，由此也吸引了大量的国际投资。

4 银行及货币政策

奥地利是欧元区国家，也是 2002 年首批使用欧元的国家之一，执行欧盟和欧元区国家相同的外汇管理政策。

奥地利中央银行享有很高的独立性，国家银行法确立了其独立制定和实施货币政策的法律地位。联邦政府没有权利采取任何措施去妨碍中央银行独立地制定和实施货币政策。在国家银行法中制定了许多特别条款，防止中央、州和地方政府对中央银行的干预。例如，在没有提供相应的黄金和外汇资产抵押的情况下，不论是奥地利联邦政府，还是州政府或地方政府，都不能直接或间接地从中央银行获得资金，以保证中央银行在资金运用上的独立性，切断中央银行资金与财政的直接联系，防止利用中央银行资金弥补财政赤字。

奥地利目前的汇率政策由欧洲中央银行和欧盟理事会统一决策。在加入欧元区前，奥地利实行的是有管理的浮动汇率制，中央银行通过在外汇市场上买卖外汇，使汇率稳定在一定的水平上。维也纳证券交易所每天公布接近市场汇率水平的汇率，这一汇率水平实际上是由中央银行确定的，由交易所对外公布。中央银行根据商业银行外汇交易指令数量的多少和自身的交易量来确定公布的汇率，并随时根据市场需要买卖外汇，以消除市场汇率的暂时波动。

奥地利中央银行对商业银行的法定存款准备金要求使商业银行对中央银行资金产生很大的需求，这就使中央银行便于在国内货币市场上通过短期利率来调控货币供求，并影响汇率，因而，中央银行并不把货币供应量作为调控的中介目标。

奥地利中央银行运用的货币政策工具主要有：存款准备金、利率以及通过贴现对商业银行进行再融资等。奥地利中央银行向商业银行系统注入或收回基础货币的常规方式为再融资。再融资的方式主要有三种形式：外汇票据再贴现、证券抵押贷款和证券回购。

奥地利中央银行货币政策的另一重要工具是对商业银行的法定存款准备金管理。央行对最低法定存款准备金率的调整持谨慎的态度，一般很少变动，除非是在此项调整必不可少的情况下，经与欧盟协调后，再作适当的调整。法定存款准备金的重要性体现在央行的日常管理中，首先是央行把商业银行的最低存款准备金数量作为重要监测指标，商业银行在央行的账户中最低存款准备金的月平均余额是市场流动性的重要指标。其次是央行对最低存款准备金率实行严格的管理，每月以4天的存款余额，即上个月的23、30日和本月的7、15日的余额核定最低存款准备金。最后是对不同期限的存款规定缴纳不同比例的存款准备金。

奥地利的《银行保密法》在欧洲与瑞士和卢森堡等齐名，银行服务周到。奥地利的金融法律监管十分严格，在国际上也享有盛誉。然而，根据欧盟的新版利息税指令，奥地利将于2017年改革现有银行保密制度，实施与其他欧盟成员国交换外国储户信息的制度，而奥地利本国储户不受此影响。

四　产业发展

2013 年，奥地利服务业占国内生产总值（不含税和补贴）的比重为 69.8%，工业占比约为 28.7%。奥地利是工业发达的国家，主要工业部门有金属制造和加工业、机械制造业、化学工业、食品工业、汽车和汽车配件加工业、水电设备制造业、造纸业以及国际市场上特殊需求的电子产品制造业。奥地利的现有工业企业共计 28939 家，职工人数为 63 万人。奥地利许多大企业被外国资本控股，本国占统治地位的是中小企业，85% 左右的奥地利企业雇员少于 100 人。

奥地利地处阿尔卑斯山，除了丰富的水资源外，矿产资源主要有石墨和镁，此外还有褐煤、铁、石油和天然气等，其原料和能源开采业有悠久的历史，也很发达。奥地利是世界第八大电力输出国，在欧盟中使用可再生能源的比率最高，同时是无核电国家。

上奥地利州和施蒂利亚州是奥地利的重工业所在地，其他各州主要以轻工业和服务、旅游业为主。

奥地利主要工业州及其主要工业、产业

主要工业州	该州主要工业、产业
上奥地利州	钢铁工业、化学工业、机械制造业
萨尔茨堡州	电气、造纸业、批发贸易、运输服务和旅游业

续表

主要工业州	该州主要工业、产业
福拉尔贝格州	纺织和服装业
克恩滕州	木材工业和造纸业、旅游业
施蒂利亚州	钢铁工业和加工业
蒂罗尔州	旅游业和玻璃工业

资料来源：奥地利统计局。

特别提示

★ 奥地利的经济产业主要由服务业和高度发达的工业构成，服务业占67.5%，第二产业只占30.3%。

★ 服务业、房地产业和商贸零售业是这几年发展较快、增幅较大的经济部门。

★ 上奥地利州和施蒂利亚州是奥地利的重工业所在地。

★ 奥地利特殊钢生产在世界合金钢和特殊钢生产中占有重要地位，有极好的声誉和强有力的竞争实力。

★ 奥地利十分重视水力发电，水电站多达1300座，每年净出口电数十亿度，是世界第八大电力输出国。

1　钢铁工业

奥地利钢铁工业历史悠久，钢铁冶炼技术先进（如氧气顶吹炼制法、电炉渣再熔法、连续浇铸法、熔融还原炼钢法）。早在西欧产业革命以前奥地利就有了炼铁业。奥地利钢铁工业发展较早的主要原因是铁矿石储量多，沿东、南、西国境线均分布大小不一的矿山。奥地利是吹氧炼钢法的发明国。1952年，世界第一座氧气顶吹转炉在奥地利投入使用，实现了炼钢技术的一大突破。

首先，特殊钢和优质钢在奥地利钢铁工业中占有重要地位。由于亚洲和其他新兴地区钢产量增速较快，因此奥地利不打算再增加产量。自20世纪80年代以来，奥地利的钢产量一直稳定在450万～650万吨的水平，但其优质钢和特殊钢产量呈上升趋势。奥地利特殊钢生产已有100多年的历史，品种达几百种之多，在世界合金钢和特殊钢生产中占有重要地位，有极好的声誉和强有力的竞争实力。

其次，奥地利钢铁工业和机械制造业相互渗透。由于钢铁市场萎缩，生产机器设备的利润比钢铁高，钢铁厂兼营机械制造的越来越多，生产的范围越来越广。奥地利联合钢铁公司具有很强的机械制造能力，不但制造冶金设备，还制造煤矿、电力、石油化工、建材、轻工和原子能等工业的各种成套设备及单机。这种钢铁工业和机械制造相结合的形式好处很多：一方面，方便钢铁工业自身采用新工艺、新设备，或通过自己的机械制造厂提供设备；另一方面，机械制造工业所需要的各种钢铁产品，可直接从自己的钢铁厂获得，双方紧密配合，增强了市场竞争能力。

最后，奥地利钢铁制造业十分注重建立完善的质量保证系统，积极加强国际合作和开发先进技术，增加投资致力于环境保护等。

2　电子工业

电子工业是奥地利的主要工业部门。奥地利微电子系统国际股份公司（Austria Micro System AG）世界闻名。西门子奥地利公司也是奥地利重要的电子企业，其通信和信息技术世界领先。

3　机械制造业

奥地利的机械制造业主要生产工业机械成套设备，如水力发电机、采煤机、木材加工机械和钻探设备等，大部分供出口。机械工业占工业产值的25%以上，生产的矿山机械、机车车辆、汽车及拖拉机、家用电器等在欧洲有一定地位。机械工业主要集中在维也纳、林茨和格拉茨。

汽车工业是奥地利机械制造业的一个重要部门，以生产载重汽车、越野车、拖拉机、牵引车、装甲运输车、各种农用机械及散件等为主。斯太尔－戴姆勒－普赫股份公司是奥地利最大的车辆制造企业，它制造的越野车性能好、速度快、灵活安全，既适合军事作战需要，也用于民用，它生产的发动机省油、轻便、耐磨，在世界市场上很有竞争力。

4　化学工业

奥地利化学工业原料丰富，如木材、石油、天然气和煤焦油等，为化工的发展提供了有利条件。化学工业是奥地利第二大工业部门，目前有近千家企业，其中70%的产品用于出口。奥地利的主要化工产品有石油化工产品、氮肥和纤维素。石油化工是奥地利化工生产的重点，主要中心在林茨及其西南周边地区。林茨化工股份公司和兰精化学纤维股份公司是奥地利最大的两家化学康采恩。兰精化学纤维股份公司是化纤生产的中心，规模属欧洲前列，产品多远销国外。林茨化工股份公司主要生产初级氮化肥、药剂、石油化学的辅助材料及聚丙烯等。

5　能源、采矿工业

2013年4月，奥地利通过《能源效率法案》，规定从2014年起，将能源效率每年提高1%并在2020年前投入3亿欧元的专项资金配合法案实施。法案规定，奥地利能源企业须采取措施，提高自身及其用户的能源利用效率；所有50人以上的奥地利企业均须纳入能源管理体系，定期申报能效情况；对行之有效的企业节能措施给予奖励等。

（1）水力发电

奥地利地处阿尔卑斯山，水利资源丰沛。奥地利放弃使用核能，能源供应依靠煤炭、石油、天然气、水力和电力。因为奥地利水力资源丰富，所以奥地利十分重视水力发电。水电站多达1300座，电力工业十分发达，每年净出口电数十亿度，是世界第八大电力输出国，在欧盟中使用可再生能源的比率最高。奥地利在建设小型、低水位差水电站方面拥有先进的技术和丰富经验。奥水电站主要分布在多瑙河流域和西部山区，其特点是规模小、造价便宜。

（2）能源矿产资源

奥地利矿产资源主要有石墨和镁，此外还有褐煤、铁、石油和天然气等，其原料和能源开采业有悠久历史，也很发达。采矿业是奥地利的传统工业，主要开采铁矿、褐煤、钨、石膏、菱镁、大理石、滑石、高岭土、石英。奥地利的煤储量少，大部分为褐煤。

奥地利的原油主要依赖进口，其每年石油进口量为800万吨左右，而本国的原油产量仅占进口量的17%左右。

五　金融体系

1　当地金融业发展概述

经过重组合并，目前奥地利有 5 家全国性的商业银行，依次为奥地利银行、第一银行、巴瓦克（劳动经济）银行、合作银行和大众银行；10 家地产抵押银行、130 多家信贷所和 8 家商业银行。奥地利的主要银行有股份制银行（Aktienbanken und Bankiers）、储蓄银行（Sparkassensektor）、州地产抵押银行（Landeshypothekenbanken）、赖佛森银行（Raiffeisensektor）、人民银行（Volksbankensektor）、建筑储蓄银行（Bausparkassen）、特种银行（Sonderbanken）、外资银行驻奥地利分行（Zweigstellen ausländischer Banken）以及奥地利信贷联合银行（Bank Austria Creditanstalta）等。赖佛森银行为全国最大的农业信贷合作社。奥地利的中央银行是奥地利国家银行（Österreichische Nationalbank），其首要任务是调控奥地利的货币流通，具有国际清算、制定国家金融政策、发行货币和外汇管理等功能。

奥地利国家银行成立于 1923 年，总行设在维也纳；1938 年德国法西斯吞并奥地利后，该行归德国所有；1945 年重新建立，是一家股份制银行。国家银行最重要的任务是维护奥地利货币的稳定，不经营一般商业银行业务。

奥地利银行体系之所以具有国际重要性，主要是考虑其对东欧和巴尔干地区的辐射作用，是中东欧的金融枢纽。但是奥地利臃肿的资产负债和不良贷款却让评级机构颇感担心。IMF对奥地利银行业当前状况的评价是"银行过剩"，认为这样的局面对奥地利中小型金融机构非常不利，因为这些中小型金融机构在这种环境中将会面临更激烈的竞争、更低的收益和越来越高的成本。对此，IMF专家指出，奥地利金融市场监管机构应当在其中发挥更多的作用，及时纠正奥地利银行业发展过程中的不良倾向，确保整个行业朝着健康积极的方向发展，同时积极参与改进奥地利金融业的风险管理机制。[①]

特别提示

★ 2013年，根据国际货币基金组织对各国金融系统的评估，奥地利是全球最重要的25个金融中心之一。

★ 银行法规定，商业银行要定期向财政部、中央银行报送有关的业务和财务报表与报告。

★ 国家银行法要求商业银行报送的报表与报告主要有以下内容：每月的资产负债表、季度损益表、经审计师审计的年度报告、每月的大额信贷报告、半年的信贷结构报告、年度的客户数量报告、每月的主要贷款情况报告等。

---

① 来源：中国经济网，http://intl.ce.cn/specials/zxgjzh/2013 07/12/t20130 71224564854.shtml。

2　当地金融业法律法规及监管标准

奥地利负责监管商业银行的政府部门是奥地利联邦政府财政部，奥地利国家银行负责协助财政部对商业银行实行监管，这是奥地利商业银行监管体制的一个重要特点。银行法对于商业银行从设立到日常经营的监管，都做了严格而明确的规定，并授权财政部和中央银行依法对商业银行实行监管。

在奥地利，银行法赋予财政部一系列手段来对商业银行实行全面的监管，包括银行设立的审核批准、财务报表的审查、现场稽核、行政处罚等。财政部下设一个司专门负责对金融业的监管，其下再设银行监管处，以专门负责对商业银行业的监管。在银行监管处内又分为4个小组，分别负责监管股份制银行、外国银行和州抵押银行；负责监管储蓄银行、住房信贷协会、城市合作银行和农村合作银行；负责国际关系；负责法律事务。财政部对商业银行的监管得到法律和组织上的保障。奥地利中央银行也承担一定的监管责任，最主要的监管职能是对各商业银行提供的各种报表和报告进行分析，检查商业银行对法律法规的执行情况，随时向财政部报告商业银行出现的问题。

奥地利银行法对于奥地利银行的资本充足率和稳健经营制定有详细的规定，以保证银行的安全运营，保护存款户的利益。银行法规定资本充足率的最低标准为8%，并把资产的风险权数分为四级：0、20%、50%和100%，按资产的账面价值进行加总。0 权数的资产包括：现金，联邦政府、州政府和地方政府债务，OECD 中央政府债务，其他信用机构以联邦政府债券抵押的借款，以该银行发行的存单抵押的借款，无风险的信托资产等。20% 权数的资产包括：OECD 国家银行的借款、非 OECD 国家的银行不超过 1 年的借款、OECD 国家地方政府的债务、国际金融组织的债务等。50% 权数的资产包括：抵押贷款和抵押债券、金融租赁资产。其他所有资产则为 100% 风险权数的资产。银行法规定对于银行稳健经营监管的主要内容之一是对大额信贷的监管。所谓大额信贷是指超过银行自有资金 15% 的贷款。对于某个客户的单笔贷款超过自有资金的 15%，要经过银行监事会的批准，并要向财政部和中央银行报告。银行对某个客户的信贷总额不能超过银行自有资金的 40%。

银行法对于银行稳健经营的另外一项主要规定是对银行资产流动性的要求。银行法中规定银行资产必须保持一定的流动性，一级流动性资产必须达到 10%，二级流动性资产必须达到 25%。

银行法规定，商业银行要定期向财政部和中央银行报送财务报表和报告，这是监管部门对商业银行实行非现场监管的重要途径，以此全面掌握商业银行的业务经营状况。中央银行全面汇总并分析商业银行的各种报表与报告，成为对商业银行进行有效监管的重要基础，奥地利国家银行也确实重视这项基础工作，并不因为监管商业银行是财政部的责任而放松此项工作的监管力度。

中央银行对商业银行报送的报表与报告进行分析的方法之一是对某一家银行的业务情况如贷款量、外汇业务量等与同一类型的其他 5 家银行的平均值进行比较，并将此作为在法律所规定的最基本标准之外评价银行经营状况的一项指标。这种办法实际上是对商业银行的经营提出了更高的衡量标准，有利于中央银行和财政部及早发现和解决问题。

奥地利
AUSTRIA

第四篇
双边关系

奥地利
AUSTRIA

一　双边政治关系

1971年5月26日，中国与奥地利政府签署《关于中、奥两国建交的联合公报》。中国与奥地利于1971年5月28日正式建交。

中国实行改革开放以后，两国高层领导人互访频繁。2011年10月，胡锦涛主席访问奥地利。2012年5月，奥地利总理法伊曼会见达赖给双边关系造成了损害。经过双方共同努力，2014年两国关系实现正常化。当年10月，奥地利副总理兼经济部长米特雷纳访华。2015年3月，奥地利总统菲舍尔对中国进行国事访问。2015年7月9日，中国人民对外友好协会会长李小林会见奥地利联邦总统菲舍尔。

自1983年以来，成都市与林茨市、贵州省与施蒂利亚州、广西壮族自治区与克恩滕州、徐州市与莱奥本市、山东省与上奥地利州、河南省与蒂罗尔州、湖南省与布尔根兰州、海南省与萨尔茨堡州、南宁市与克拉根福市、浙江省与下奥地利州建立了友好关系。

二 双边经济关系

1 双边贸易

奥地利同中国的经济贸易往来已经有 100 多年历史。早在 1868 年,两国就建立了贸易关系,1873 年,中国曾派团参加在维也纳举行的世界博览会。中华人民共和国成立之后,两国的经济贸易关系进一步发展。1964 年 9 月,中奥签订关于互设商务代表处的换文。1964 年 12 月 7 日,中国国际贸易促进委员会同奥地利联邦商会在维也纳签订了关于促进两国经济关系的协定,双方各自在对方首都设立商务代表处。1965 年,中国从奥地利引进吹氧炼钢技术。1971 年 5 月 28 日,双方建立大使级外交关系,从此,两国在政治、经济、文化等各个领域的关系进一步得到加强。1972 年 10 月,两国签订了《贸易和支付协定》,把两国间业已存在的民间贸易关系上升为政府间贸易关系。此后,中奥经贸关系不断发展。1974 年建立政府间混合委员会,1980 年签订经济、工业和技术合作协定,1984 年签订中奥科技合作协定,1985 年 9 月,两国政府签订《民用航空运输协定》;1986 年 11 月,中奥草签避免双重征税协定。1989 年 5 月,中奥签订《卫生合作协定》;1994 年 7 月,两国农业部签署《关于农业领域科技合作备忘录》。

两国经济贸易也随着政治交往而不断增加,奥地利出口到中国的主要商品有钢材、铝板、化学品、机械设备,中国出口到奥地利的商品为布匹、羽绒、草编制品、五金工具及瓷器等。两国技术合作也进一步加强,中国从奥地利引进的技术项目主要有重型汽车制造专有技术、柴油机喷油装置技术以及粉末冶金摩擦片喷洒专有技术等项目。

2013年,中奥关系继续稳步发展。根据奥地利统计局数据,2013年1~8月,奥地利对华进出口总额63.31亿欧元。其中,奥地利从中国进口最多的前三类商品是电信和电子设备、电力及电气设备和服装;奥地利对华出口额最大的前三类产品是特种机械、车辆和通用机械设备。

奥地利工商界人士认为,中国经济的高速发展以及与之相伴的环境问题都为奥地利企业带来了商机。奥地利企业在绿色能源和节能建筑方面拥有良好声誉,正可借机抢占中国市场。

特别提示

★ 2015年3月,奥地利总统菲舍尔成功访华,奥方对"一带一路"表现出浓厚兴趣,希望成为连接中国、中东欧、西欧的通道,在第三方市场开展有效合作。

★ 奥地利从中国进口最多的前三类商品是电信和电子设备、电力及电气设备和服装。

★ 奥地利对华出口额最大的前三类产品是特种机械、车辆和通用机械设备。

★ 奥商在中国投资规模最大的项目为奥特斯股份公司

> 在上海成立的独资企业，一期工程投资规模为 1.45 亿欧元，主要生产印制电路板。
> ★ 奥商在中国的投资地区主要是沿海发达地区，其中最多的省份是江苏省和广东省，分别占总投资的 20% 和 15%。

2 双边经济合作

从 20 世纪 90 年代开始，奥地利企业对中国的投资增长较快，目前大约有 240 家奥地利企业在中国有投资并开展业务。据奥联邦商会的估计，在今后的几年里在华投资和开展业务的奥地利企业会超过 500 家。

与欧美许多企业一样，出于生产成本的考虑，奥地利许多企业不仅希望利用中国良好的投资环境建立和扩大在中国的生产基地，也需要从中国大量进口原材料、电子产品和纺织品等。奥商在中国投资规模最大的项目为奥特斯股份公司在上海成立的独资企业，一期工程投资规模为 1.45 亿欧元，主要生产印制电路板。奥商在中国的投资地区主要是沿海发达地区，其中最多的省份是江苏省和广东省，分别占总投资的 20% 和 15%。但最近几年，中西部的陕西、四川、云南等省份也进入了奥商的投资领域。奥地利联邦商会认为，奥地利经济界的巨大商机存在于中国的地区发展战略中，如"振兴东北老工业基地"和"西部大开发"战略。

奥地利地处中欧，天然的地理位置优势对中国企业界应该具有很大的吸引力，特别是欧盟东扩以后，奥地利地缘优势进一步凸显，成为欧盟大市场的中心。中国企业到奥地利投资，仿效奥地利首都维也纳地区 1000 多家外国企业的做法，在奥地利建立自己的根据地，以此开发整个中东欧市场。目前，中奥两国政府有关部门正在协商采取措施，为中国企业进入奥地利市场创造条件。

中国与奥地利的经济存在较强的互补性，两国经贸合作还有广阔的空间。奥地利在一些高科技领域即使在欧盟国家中都极具竞争力，特别是冶金、机械制造、轨道车辆、水力发电和环保技术等产业优势明显，这些正是中国目前所需的。同时，中国对奥技术含量高的产品有很强的需求，奥地利是中国引进技术的主要来源国之一。

尽管当前中国与奥地利的经济伙伴与贸易合作关系一直处于蓬勃发展阶段，但是其中也暴露出不少问题，例如奥地利的国内部分行业对来自中国的竞争所表现出的担忧和阻碍态度对中奥经贸关系就产生了一定的消极影响。

三 奥地利当地华人商会及社团

	名称	负责人	电话	地址
1	奥地利华人商会	潘建伟	00436643378995	Lessiakgasse 3A/1, 1220 Wien
2	奥地利工商业联合会	金建平	00436767226288	Promenadeweg 2, 1220 Wien
3	奥地利奥中国际经济贸易促进会	倪铁平	004369911279318	Grieskichner Str.75, 4701 Bad Schallerbach
4	奥地利浙南商会	温怀钦	00436643266898	Loferer Bundesstr.2, 5760 Saalfelden

四 奥地利当地主要中资企业

境内投资主体	境外投资企业（机构）	省市	经营范围
中国对外文化集团公司	中欧创意工场（维也纳·北京）	中央企业	（1）促进中国和奥地利之间的文化交流。（2）所有与戏剧、音乐剧、杂技、艺术表演和演出相关的教育服务，展览及音乐会等文化项目的发展及商业化。（3）相关权利的许可（包括电影、视频、DVD、互联网及其他新媒体），以及此类产品的制作、生产、销售、进出口及产品贸易。（4）在上述领域提供服务。（5）管理咨询等
中国首钢国际贸易工程公司	首钢国际（奥地利）有限公司	北京市	国际贸易、技术服务
天创国际演艺制作交流有限公司	维也纳北京天创公司	北京市	文化演出
北京中数图科技有限责任公司	富来得有限责任公司	北京市	进出口贸易、销售环保技术设备及实验室设备
北京中欧兴业投资管理有限公司	中欧兴业奥地利有限责任公司	北京市	为企业进驻中奥科技园提供信息、中介、咨询、翻译、市场调查等相关服务
北京奥投咨询有限责任公司	富来得房地产有限公司	北京市	房地产销售、房地产经纪
经易控股集团有限公司	GBB索道有限公司	天津市	旅游开发
上海广电通讯网络有限公司	SVA&POLY通讯股份有限公司	上海市	网络电视点播、IP电话和其他电信增值业务

续表

境内投资主体	境外投资企业（机构）	省市	经营范围
吴江新地标节能光源科技有限公司	马仕威贸易有限公司	江苏省	各种光电产品的进出口贸易
威睿电动汽车技术（苏州）有限公司	奥普瑞斯特动力总成有限公司	江苏省	传动系统的研发、制造和销售
威睿电动汽车技术（苏州）有限公司	奥普瑞斯特工程有限公司	江苏省	各类机器及机器部件的设计、研发、制造、维修、保养及测试；提供相关技术成果
斯太尔动力（江苏）投资有限公司	斯太尔动力股份有限公司	江苏省	从事船舶、陆地车辆和特殊领域的柴油发动机的研发、生产及销售业务
嵊州市梦天娇内衣服装有限公司	嵊州市梦天娇内衣服装有限公司驻奥地利办事处	浙江省	收集市场信息、联络客户、售后服务、促销产品
金华市科宏白炭黑研究所（普通合伙）	奥地利欧洲银能有限公司	浙江省	供热工程
天胜轴承集团有限公司	天胜轴承欧洲公司	宁波市	轴承、汽车配件等产品的经销及维护
宁波翔宏工贸有限公司	宁波CMC（奥地利）贸易有限责任公司	宁波市	日用品、五金交电、针纺织品、化工原料、建筑装潢材料、工艺品、办公用品、金属材料、普通机械及电器机械、电子产品、农畜产品的批发与零售
宁波金诺进出口有限公司	金诺奥地利有限责任公司	宁波市	针纺织品、服装、化工原料（除化学危险品）、建筑材料、工艺品、办公用品、金属材料、普通机械及电气机械、电子产品（除广电发射设备外）、土畜产品的批发与零售；五金件、鞋帽、百货、五金交电、家用电器的制造加工（限分支机构）；自营和代理各类商品和技术的进出口，但国家限定公司经营或禁止进出口的商品和技术除外

续表

境内投资主体	境外投资企业（机构）	省市	经营范围
蚌埠市惠利纺织有限责任公司	蚌埠市惠利纺织有限责任公司驻奥地利办事处	安徽省	货物进出口
安徽中鼎密封件股份有限公司	中鼎欧洲控股有限公司	安徽省	从事实业投资；对在欧所属投资企业进行财务、人力资源等方面的管理，并提供财务、法律、技术等方面的服务与支持
郑州恒天重工股份有限公司	恒天（奥地利）控股有限公司	河南省	纺织机械及配件、器材制造、销售；纺织原辅材料，通用机械加工与制造、销售；进出口贸易和对外投资
三环集团公司	三环集团襄阳轴承欧洲公司	湖北省	轴承及汽车零配件销售
湖北天雄科技有限公司	巴伐利亚流体科技有限公司	湖北省	研发、生产、销售电磁阀、电磁泵

详细中资企业名录请参见：

中国商务部"中国对外投资和经济合作"网站 ⇨ "境外企业（机构）"，相关网址：http://wszw.hzs.mofcom.gov.cn/fecp/fem/corp/fem_cert_stat_view_list.jsp。

奥地利
AUSTRIA

附 录

奥地利
AUSTRIA

附录一 世界银行·营商环境指数

为评估各国企业营商环境,世界银行通过对全球国家和地区的调查研究,对构成各国的企业营商环境的十组指标进行了逐项评级,得出综合排名。营商环境指数排名越高或越靠前,表明在该国从事企业经营活动条件越宽松。相反,指数排名越低或越靠后,则表明在该国从事企业经营活动越困难。

奥地利营商环境排名

奥地利	
所处地区	经合组织
收入类别	高收入国家
人均国民收入总值(美元)	49366

营商环境 2016 年排名:21,与上一年相比,后退 1 名

奥地利营商环境概况

下表同时展示了奥地利各分项指标与"世界领先水平"的距离,"世界领先水平"反映了《2016 年全球营商环境报告》所包含的所有经济体在每个指标方面(自该指标被纳入《营商环境报告》起)表现出的最佳水平。每个经济体与领先水平的距离以从 0 到 100 的数字表示,其中 0 表示最差表现,100 表示领先水平。

指标	奥地利	经合组织
开办企业		
2016 年与世界领先水平的距离（百分点）：83.45		
程序（个）	8.0	4.7
时间（天）	22.0	8.3
成本（占人均国民收入的百分比）	0.3	3.2
实缴资本下限（占人均国民收入的百分比）	13.1	9.6
办理施工许可证		
2016 年与世界领先水平的距离（百分点）：74.86		
程序（个）	11.0	12.4
时间（天）	223.0	152.1
成本（占人均收入的百分比）	1.3	1.7
获得电力		
2016 年与世界领先水平的距离（百分点）：87.7		
程序（个）	5.0	4.8
时间（天）	23.0	77.7
成本（占人均国民收入的百分比）	97.8	65.1
登记财产		
2016 年与世界领先水平的距离（百分点）：80.81		
程序（个）	3.0	4.7
时间（天）	20.5	21.8
成本（占财产价值的百分比）	4.6	4.2
获得信贷		
2016 年与世界领先水平的距离（百分点）：60.00		

续表

指　标	奥地利	经合组织
合法权利指数(0～12)	5.0	6.0
信用信息指数(0～8)	7.0	6.5
私营调查机构覆盖范围（占成年人口的百分比）	2.2	11.9
公共注册处覆盖范围（占成年人口的百分比）	52.8	66.7
保护少数投资者		
2016年与世界领先水平的距离（百分点）：63.33		
少数投资者保护力度指数（0～10）	6.3	6.4
纠纷调解指数（0～10）	5.3	6.3
披露指数	5.0	6.4
董事责任指数	5.0	5.4
股东诉讼便利度指数（0～10）	6.0	7.2
股东治理指数（0～10）	7.3	6.4
股东权利指数（0～10）	8.0	7.3
所有权和管理控制指数（0～10）	8.0	5.6
公司透明度指数（0～10）	6.0	6.4
纳税		
2016年与世界领先水平的距离（百分点）：76.53		
纳税（次）	12.0	11.1
时间（小时）	166.0	176.6
应税总额（占利润的百分比）	51.7	41.2
利润税（占利润的百分比）	16.8	14.9
劳动税及缴付（占利润的百分比）	34.3	24.1

续表

指　　标	奥地利	经合组织
其他税（占利润的百分比）	0.6	1.7
跨境贸易		
2016年与世界领先水平的距离（百分点）：87.66		
出口耗时：边界和规（小时）	—	15.0
出口所耗费用：边界和规（美元）	—	160.0
出口耗时：单证和规（小时）	1.0	5.0
出口所耗费用：单证和规（美元）	—	36.0
进口耗时：边界和规（小时）	—	9.0
进口所耗费用：边界和规（美元）	—	123.0
进口耗时：单证和规（小时）	1.0	4.0
进口所耗费用：单证和规（美元）	—	25.0
执行合同		
2016年与世界领先水平的距离（百分点）：78.24		
时间（天）	397.0	538.3
成本（占标的额的百分比）	18.2	21.1
司法程序质量指数（0~18）	14.0	11.0
程序	指标	
时间（天）	397.0	
备案与立案	30.0	
判决与执行	277.0	
合同强制执行	90.0	
成本（占标的额的百分比）	18.2	

续表

指　　标	奥地利	经合组织
律师费（占标的物价值的百分比）	13.6	
诉讼费（占标的物价值的百分比）	4.1	
强制执行合同费用（占标的物价值的百分比）	0.5	
司法程序质量指数（0～18）	14.0	
办理破产		
2016年与世界领先水平的距离（百分点）：78.89		
回收率（每美元美分数）	82.7	72.3
时间（年）	1.1	1.7
成本（占资产价值的百分比）	10.0	9.0
结果（0为零散销售，1为持续经营）	1	1
破产框架力度指数（0～16）	11.0	12.1
启动程序指数（0～3）	2.5	2.8
管理债务人资产指数（0～6）	5.5	5.3
重整程序指数（0～3）	1.0	1.7
债权人参与指数（0～4）	2.0	2.2

资料来源：世界银行《2016年全球营商环境报告》。

附录二　其他领事馆信息

中华人民共和国驻奥地利共和国大使馆领事部
地址：Neulinggasse 29, Stiege 1, 3.Stock, 1030 Wien
电话：00431-7103648（仅周二、周四：9:00 ~ 11:00）
对外办公时间：
周一、周三：8:30~11:00；14:00 ~ 16:00
周五：8:30~11:00

跋

"丝绸之路经济带"和"21世纪海上丝绸之路"战略构想为沿线国家的经贸往来和文化融合带来千载难逢的机遇。作为中国唯一连续经营百年以上、机构网络遍及海内外40多个国家和地区的大型商业银行，中国银行在国际化经营水平、环球融资能力、跨境人民币业务等方面具有独特优势。随着国家"一带一路"战略梦想一步步走进现实，中国银行正励精图治，努力成为实现这个伟大梦想的金融大动脉。

"国之交在于民相亲，民相亲在于心相交。""一带一路"战略布局涉及区域广阔，业务广泛。它不仅是一条经济交通之路，更是一条民心交融之路，其建设发展在很大程度上取决于文化的影响力和穿透力。《文化中行——"一带一路"国别文化手册》的付梓，恰逢我行整合海内外资源、布局全球一体化协同发展的关键时期。《手册》以研究海外机构特点和服务对象需求为出发点，致力于解决文化冲突、促进文化融合，力求为海外机构提供既符合中国银行价值理念，又符合驻在国实际的文化指引。

《手册》在前期充分调研的基础上，与社会科学文献出版社共同编辑出版。《手册》紧紧围绕业务需求，深耕专业领域，创新工作思路，填补了我行海外文化建设领域的空白。这是中国银行在大踏步国际化背景下，抓紧建设开放包容、具有强大影响力的企业文化的需要，是发挥文化"软实力"、保持集团可持续发展的需要，更是投身国家重大战略部署、担当社会责任的需要。

社科文献出版社是我国社会科学研究领域的权威出版机构，在人文社会科学著作出版方面享有盛誉。在编纂过程中，特别邀请了外交部、商务部专家重点审读相关章节。针对重点领域的工作需要，设置了"特别提示"和"扩展阅读"，为"一带一路"发展战略提供了较为丰富的实例和参考。

文化的力量是无穷的。希望《文化中行——"一带一路"国别文化手册》行之弥远、传之弥久，以文化的力量推动"一带一路"金融大动脉建设，为实现"担当社会责任，做最好的银行"的战略目标添砖加瓦。

2015年12月

后 记

《文化中行——"一带一路"国别文化手册》是中国银行在全力服从国家"一带一路"战略,依托百年发展优势,布局全球、协同发展的大背景下编撰的国别类文化手册。由中国银行企业文化部牵头,在办公室、财务管理部、总务部、集中采购中心的大力支持下,在社会科学文献出版社经管分社团队的共同努力下编辑出版。

手册在编辑过程中广泛征求了各海外分支机构的意见,得到了雅加达分行、马来西亚中国银行、马尼拉分行、新加坡分行、曼谷子行、胡志明市分行、万象分行、金边分行、哈萨克中国银行、伊斯坦布尔代表处、巴林代表处、迪拜分行、阿布扎比分行、匈牙利中国银行、卢森堡有限公司波兰分行、俄罗斯中国银行、乌兰巴托代表处、秘鲁代表处、仰光代表处、孟买筹备组、墨西哥筹备组、维也纳分行、摩洛哥筹备组、智利筹备组、毛里求斯筹备组、布拉格分行的大力支持,在此一并表示感谢。

编写组在编纂过程中参考了不同渠道的相关资料,主要包括外交部国家(地区)资料库,商务部"对外投资合作国别

(地区)指南2014版",社会科学文献出版社"列国志"大型数据库,以及中国银行海外分支机构提供的相关资料。

本手册系定期更新,欢迎各界提供最鲜活的资料,使手册更具权威性和客观性。

图书在版编目(CIP)数据

奥地利 / 中国银行股份有限公司, 社会科学文献出版社编.
—北京：社会科学文献出版社，2016.1
（文化中行："一带一路"国别文化手册）
ISBN 978-7-5097-8436-5

Ⅰ.①奥⋯ Ⅱ.①中⋯ ②社⋯ Ⅲ.①奥地利-概况
Ⅳ.①K952.1

中国版本图书馆CIP数据核字（2015）第276687号

文化中行："一带一路"国别文化手册
奥地利

编　　者 / 中国银行股份有限公司
　　　　　社会科学文献出版社

出 版 人 / 谢寿光
项目统筹 / 恽　薇　王婧怡
责任编辑 / 于　飞

出　　版 / 社会科学文献出版社·经济与管理出版分社（010）59367226
　　　　　地址：北京市北三环中路甲29号院华龙大厦　邮编：100029
　　　　　网址：www.ssap.com.cn
发　　行 / 市场营销中心（010）59367081　59367090
　　　　　读者服务中心（010）59367028
印　　装 / 北京盛通印刷股份有限公司

规　　格 / 开　本：889mm×1194mm　1/32
　　　　　印　张：3.375　字　数：66千字
版　　次 / 2016年1月第1版　2016年1月第1次印刷
书　　号 / ISBN 978-7-5097-8436-5
定　　价 / 48.00元

本书如有破损、缺页、装订错误，请与本社读者服务中心联系更换
▲ 版权所有　翻印必究